CATALOGUE

D'UNE JOLIE COLLECTION

DE

TABLEAUX

ANCIENS

DES ÉCOLES FRANÇAISE, FLAMANDE & HOLLANDAISE

QUELQUES

TABLEAUX MODERNES

Provenant de la Collection de M. D..., Amateur

dont la vente aux enchères publiques aura lieu

HOTEL DES COMMISSAIRES-PRISEURS

Rue Drouot, n° 5

SALLE N° 2

Le Samedi 26 Mars 1859

à 2 heures très-précises.

Par le ministère de M° DELBERGUE-CORMONT, Commissaire-Priseur,
rue de Provence, 8,

Assisté de M. **DHIOS**, Appréciateur, 33, rue Le Peletier,

Chez lequel se distribue le présent Catalogue

EXPOSITION PUBLIQUE

Le Vendredi 25 Mars 1859, de midi à cinq heures

—

1859

3 Abd... [illegible] 7.
× 1 ... Chapelle 28.
× 1 Nymphe et Satyre [illegible] × 73.
× 1 campement d'armée ... × 47.
× 1 Sauvage du gué Theodore 90
× 1 enclos au [illegible] chapelle 30
× 1 portrait d'enfant ... 7.
× 2 [illegible] 4
× 2 [illegible] 4

4806,

CATALOGUE

D'UNE JOLIE COLLECTION

DE

TABLEAUX

ANCIENS
DES ÉCOLES FRANÇAISE, FLAMANDE & HOLLANDAISE

QUELQUES

TABLEAUX MODERNES

Provenant de la Collection de M. D..., Amateur

dont la vente aux enchères publiques aura lieu

HOTEL DES COMMISSAIRES-PRISEURS
Rue Drouot, n° 5
SALLE N° 2

Le Samedi 26 Mars 1859
à 2 heures très-précises.

Par le ministère de M° DELBERGUE-CORMONT, Commissaire-Priseur,
rue de Provence, 8,

Assisté de M. DHIOS, Appréciateur, 33, rue Le Peletier,

Chez lequel se distribue le présent Catalogue

EXPOSITION PUBLIQUE
Le Vendredi 25 Mars 1859, de midi à cinq heures

1859

CONDITIONS DE LA VENTE

Elle sera faite au comptant.

Les acquéreurs paieront en sus des adjudications cinq pour cent applicables aux frais de vente.

DÉSIGNATION

DES TABLEAUX

MOMERS.
1 — Marché sur une place publique.   14

J. VERNET.
2 — Vue des environs d'Avignon.   19

LANCRET.
3 — Conversation dans un parc.   13

CHARDIN.
4 — Ustensiles de cuisine. (Pastel.)   9

F. BOUCHER.
5 — Cour de ferme. (Esquisse.)   19

W. VAN DEN VELDE.
6 — Navires sur rade. Au centre un vaisseau, portant pavillon amiral, amène ses voiles. Dans le fond on aperçoit une ville.   54

825

WEENIX.

7 — Port de mer animé de figures et animaux. Sur le devant, à droite, navires ; dans le fond, à gauche, on aperçoit une ville au bas de montagnes.

BRUANDET.

8 — Massif d'arbres, avec mare devant, paysage peint dans la manière d'Hobbema.

A. F. BOUT (signé).

9 — Caravane près d'un port de mer. Jolie composition.

STRY (Van).

10 — Paysage avec animaux ; au bord d'une rivière, deux vaches paissent ; un cavalier et une femme sont sur la route. Effet de soleil couchant.

MEER (Vander).

11 — Combat naval. Clair de lune.

MEULEN (Vander).

12 — Siége de Courtrai.

P. BACCUET.

13 — Cavaliers arabes.

ACHILLE GIROUX.

14 — Courses de chevaux.

VAN FALENS.

15 — Au retour d'une chasse, des cavaliers viennent abreuver leurs chevaux à une rivière qui est traversée par un vieux pont.

L. BACKHUYSEN (école de)

16 — Navires sous voile. Mer houleuse.

LEPRINCE (Xavier).

17 — Paysage, terrain accidenté traversé par une route sur laquelle sont plusieurs villageois.

N. BERGHEM.

18 — Femme conduisant des bestiaux à l'abreuvoir.

WATTEAU (école de).

19 — La Leçon de musique. Intérieur de parc.

RUYSDAEL (Salomon).

20 — Mer agitée sur le devant, navires et barques de pêcheurs.

BIBIANO.

21 — Paysage avec architecture.

J. BOTH.

22 — Paysage, effet de soleil couchant.

MARTIN (l'aîné).

23 — Le Retour de la chasse. Des dames et des cavaliers s'arrêtent à la porte d'une hôtellerie.

HUYSMANS DE MALINES.

24 — Paysage. Site agreste. Belle composition animée de figures.

VAN BRÉDA.

25 — Départ pour le marché. Belle composition de ce maître.

WOUVERMANS (Jean).

26 — Paysage avec lointains, présentant, à gauche, sur le premier plan, un groupe de cavaliers; à droite, un moulin sur le bord d'une rivière.

J. MIEL.

27 — Voyageurs à la porte d'une hôtellerie.

28 — Pâtres gardant des bestiaux. (Pendant du précédent).

BOUT et BOUDWINS.

29 — Marché aux poissons, sur le bord de la mer. Charmante composition animée de nombreuses figures.

JOYANT.

30 — Vue de Venise. La place Saint-Marc.

DU MÊME.

31 — Vue de Venise. Pendant du précédent.

FOREST.

32 — Paysage avec ruines d'architecture.

VERDUSSEN.

33 — Retour de chasse.

CRÉPIN.

34 — Port de mer. Soleil levant.

ECKOUTH (Van.)

35 — Résurrection de Lazare.

SWANEVELD (dit Herman d'Italie).

36 — Paysage. Effet de soleil couchant.

ALEXIS DE FONTENAY.

37 — Plage; côtes de Normandie.

BOUT et BOUDWINS.

38 — Ville hollandaise située sur le bord d'un canal glacé, sur lequel on voit nombre de patineurs.

CH. BREYDEL.

39 — Bataille dans une plaine.

LAMBRECHT.

40 — Intérieur d'une cuisine hollandaise. Belle composition animée de figures.

MOREAU.

41 — Paysage avec ruines d'architecture. Le premier plan est animé de figures.

VAN HUYSUM (Juste).

42 — Fleurs et fruits.

A. BEGYN.

43 — Bergers et bestiaux près d'une fontaine.

W. VAN DEN VELDE.

44 — Marine. Navires sous voiles.

PIERRE WOUVERMANS.

45 — Cantine hollandaise.

MAAS (Dirck).

46 — Le Départ d'un jeune seigneur.

TAUNAY.

47 — Paysage. Vue d'Italie. Au premier plan, un chemin sur le bord d'une rivière conduit sur la droite à la porte d'une ville. Cette composition est animée de jolie figures.

LACROIX.

48 — Bord de rivière. Sur le premier plan, figures de pêcheurs et laveuses; à gauche, maisons rustiques; dans le fond, une ville. (Ovale.)

MICHAU (Théobald).

49 — Kermesse.

VELDE (Adrien Van de).

50 — La Ferme.

MOLENAER.

51 — Une Famille indigente.

PAUL BRIL.

52 — Une Forêt.

GÉRARD DOW (École de).

53 — Une femme endormie.

CHARPENTIER.

54 — Une laitière.

BOUT et BONDEWINS.

55 — Une Kermesse.

EVERDINGEN.

56 — Paysage avec troupeau d'animaux.

MOLENAER.

57 — Scène d'intérieur.

DUSSART (Corneille).

58 — Scène familière.

DU MÊME.

59 — Même genre de composition. Pendant.

MOLENAER.

60 — La partie de cartes.

DUFRENOY (Ch.-A.)

61 — Enfant caressant un chien.

DU MÊME.

62 — Deux amours en partie de chasse. Pendant du précédent.

    Ces deux panneaux proviennent d'un cabinet peint par ce maître au château du Raincy.

LINT (Signé Henry Van).

63 — Paysage avec animaux.

DU MÊME.

64 — Pendant du précédent. Même genre de composition.

DUGHET (dit Guaspre Poussin).

65 — Paysage richement composé et orné de jolies figures.

WYCK (Signé Thomas).

66 — Village au bord de la mer. Effet du soir.

FICHEL (D'après).

67 — La partie d'échecs.

HELLEMONT (Henri-Van), signé.

68 — Intérieur flamand. Une jeune femme est assise au milieu de buveurs attablés.

DU MÊME.

69 — Cabaret flamand.

WOUVERMAN (Pierre).

70 — Combat de cavaliers.

WOUVERMAN (Philippe).

71 — Halte de chasseurs près des ruines.

BILCOQ.

72 — Un vieillard conte fleurette à une jeune repasseuse.

DU MÊME.

73 — Le galant forgeron. Pendant du précédent.

MEULEN (Van der).

74 — Paysage avec chasseur.

ECOLE FRANÇAISE.

75 — La chasse au cerf. Grisaille.

ÉCOLE HOLLANDAISE.

76 — Les plaisirs de la pêche.

FICTOOR.

77 — Tarquin et Lucrèce.

MALLET.

78 — Le retour dans la famille.

ÉCOLE ITALIENNE.

79 — Un amour tenant une couronne de lauriers.

MICHEL CARRÉ (signé).

80 — Le retour des bestiaux à la ferme.
Cette composition capitale est un des plus beaux tableaux de ce maître.

MORO (Antonio).

81 — Portrait de la reine Catherine, femme du roi Jean III de Portugal. Elle porte un riche costume en satin rose brodé d'or et orné de pierres précieuses.

DUPLESSIS (signé).

82 — Animaux à l'abreuvoir.

DU MÊME.

83 — Le passage du gué par des bergers conduisant des animaux. Pendant du précédent.

FAUVELET.

84 — Une jeune femme vêtue d'une robe de satin blanc est assise sur un canapé.

WOUVERMAN (Jean).

85 — Paysage avec chariot et mendiant.

LANCRET (genre de).

86 — Le Colin-Maillard.

LANCRET (Composition gravée).

87 — Le baiser rendu.

MICHEL.

88 — Vue prise sur les bords de la Seine, avec marche d'animaux.

EISEN.

89 — Vénus entourée d'amours.

— 13 —

SAUVAGE.
90 — Deux amours entourent un médaillon surmonté d'une couronne de fleurs. (Deux pendants.)

STOOP (Jean-Pierre), signé.
91 — Choc de cavalerie; au centre, un combattant défend son drapeau.

BORDONNE (Paris).
92 — Portrait d'homme.

RIGAUD.
93 — Portrait d'homme.

CREPIN.
94 — Paysage.

KESSEL (Van).
95 — Fleurs dans un vase.

HERVIER.
96 — La marchande de légumes.

MOLENAER.
97 — Paysage. Effet d'hiver.

BOURGUIGNON.
98 — Batailles. Deux pendants.

RUISDAEL (Salomon).
99 — Vue d'une ville située au bord d'une rivière.

HOLBEIN (Jean).
100 — Portrait de roi d'Angleterre Henri VIII enfant.

BACKUISEN (Ludolf).

101 — Marine. Mer houleuse.

ÉCOLE ITALIENNE.

102 — La sainte Vierge allaitant l'Enfant Jésus.

ÉCOLE FRANÇAISE.

103 — Portrait d'un comédien.

BRUANDET.

104 — Entrée d'un village.

MIGNARD (P.)

105 — La Circoncision. (Composition gravée.)

B. BRÉEMBERGH.

106 — Une Bergère garde des chèvres près de ruines.

MICHAU (T.)

107 — Sur le bord d'une rivière, des gens sont occuppés au déchargement d'une barque de poisson.

CALLOT (J.)

108 — Nombre de personnages de distinction visitent un monument en construction situé au bord de la mer.

SCHOWAERTS.

109 — Vue d'un port avec barques et figures; sur le premier plan à droite, des montagnes.

ÉCOLE HOLLANDAISE.

110 — Entrée d'un bois; sur le chemin on voit trois vaches.

MÊME ÉCOLE.

111 — Berger jouant de la flûte au milieu d'un bois.

112 — Sous ce numéro seront vendus quelques tableaux omis.

www.ingramcontent.com/pod-product-compliance
Lightning Source LLC
Chambersburg PA
CBHW071444060426
42450CB00009BA/2291